Cte. de Merigny.

Le Barbier inv. Nic. et Masquelier

Mais Venus en est la Pretresse,
Et les Amours les Desservants.

LA CHAPELLE DE VÉNUS.

Sortant de L'humide séjour, Venus fut conduite à Cybélé c'étoit pour
plier L'immortelle à L'Etiquette de la Cour. au ton grave de ſon mo:
: déle pouvoit elle ſe conformer? L'art de plaire et de tout charmer est la di:
: gnité d'une bel: le, L'art de

II.

C'étoit toujours nouveau chagrin :
La Majesté d'une Déesse
Ne permet pas qu'au jour paroisse
L'Albatre arrondi d'un beau sein :
Fuyant sa tutrice incommode
Vénus s'échappe un jour des Cieux,
Pour chercher un Climat heureux,
Ou les appas soient plus de mode.

III.

Elle fixe ses pas errants
Auprès d'un Temple de Cybéle :
Une indulgence solemnelle
Le remplissoit de pénitens :
Voyant une foule si grande
Un projet lui vient aussitôt ;
C'est d'arrêter chaque dévôt,
Et de s'appliquer son offrande.

IV.

Un simple Autel naît dans les champs
Des fleurs font toute sa richesse ;
Mais Vénus en est la Prêtresse,
Et les Amours les desservants.
La foule avec Idolatrie,
A son Oratoire se rend ;
C'est que le cœur est bien fervent ;
Lorsque c'est la beauté qu'il prie.

V.

Cybéle sans adorateurs,
N'avoit pas même un Sacrifice,
Ah! lui dit, un jeune Novice
Il n'est plus de foi, ni de mœurs ;
Faut-il qu'Emule de Cybéle
Vénus entraine les passants!
Pour le Temple, ils n'ont plus d'encens
Ils brulent tout à la Chapelle.

M. LE PRIEUR

Andante
Sur le bord d'une fontaine un jour l'amoureux Daphnis loin de la charmante Is=
=mène chantoit ainsi ſes ennuis; tout me retrace ma belle tout la peint a mes deſirs,
mais rien ne me la rapelle ſans redoubler mes ſoupirs.
II.
Cette Onde tranquille et claire
Qui fut ſi ſouvent, hélas!
L'heureuſe dépoſitaire
De ſes plus ſecrets appas;
Ne laiſſe voir à leur place
Que l'excès de ma douleur;
En vain j'en cherche la trace,
Elle n'eſt que dans mon cœur.
III.
Sous cet ombrage paiſible
Témoin de tous nos ſermens,
Sans ceſſe mon cœur ſenſible
S'entretient de ſes tourmens.
Miſtére autrefois ſi tendre
Tes bienfaits ſont ſuperflus,
Ils ne ſervent qu'à m'apprendre
Quels biens mon cœur a perdus.
IV.
Ainsi Daphnis de ſa peine
Entretenoit les Echos;
Mais bientôt l'amour ramène
L'objet qui cauſoit ſes maux.
Elle paroit; le Silence
Fuit ſes accens douloureux:
C'eſt la plus vive Eloquence
D'un cœur qui devient heureux.
M. le Chevalier de Mendeglaize.

8

Et je ſens trop d'Amour pour elle
Pour conſerver encor du depit contre vous.

LA
CONSOLATION

Presto
Phi-lis quand vôtre cœur me devint infi-delle; ma ten-
-dresse é cla-ta par mes transports ja-loux jus---qu'à
---ce qu'une ardeur nou-velle m'embrasant pour I-ris é-
-teignit mon courroux é-taignit mon courroux éteignit mon courroux

ne le re doutés plus ma Bergère est trop belle elle m'offre un bon-
-heur trop cons tant et trop doux elle m'offre un bonheur trop cons
elle m'offre un bonheur trop cons et je sens trop d'amour pour
elle pour conser = ver en cor du de pit con = tre vous

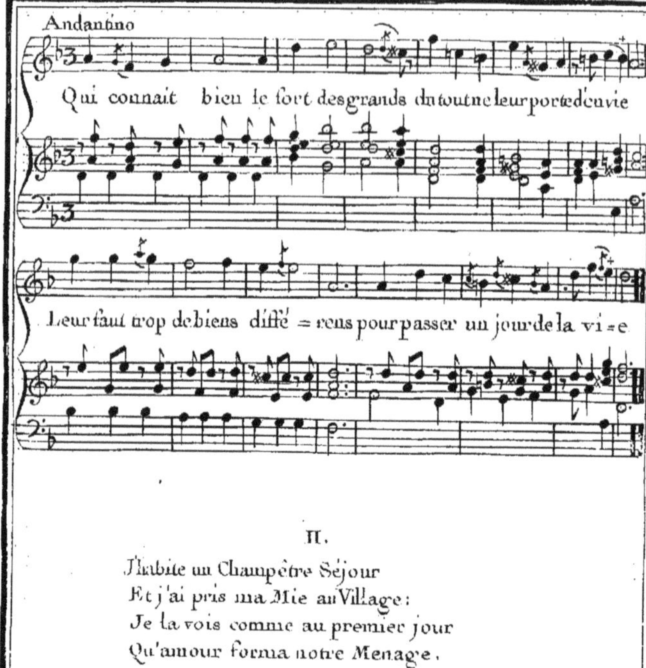

II.

J'habite un Champêtre Séjour
Et j'ai pris ma Mie au Village:
Je la vois comme au premier jour
Qu'amour forma notre Menage.

III

Le faste a bien un grand attrait
Mais attrait qu'emporte l'usage:
La simplicité qui nous plait
Nous plaira toujours d'avantage.

M. LE CH.er D'ORLEANS GRAND PRIEUR

14.

Dans l'Isle de Cithere,
Venus à son Preßoir.

LES VENDANGES
DE
CYTHERE

Dans L'Isle de Cy-thé-re Vé-nus a ſon prés-soir que
d'une main lé-gé-re les amours ſont mou-voir on
y puise ſans cés-se ce Nectar pré-ci-eux, que
verse la jeu-nésse à la table des Dieux

II.

Cuve où l'on est à l'aise
Plait le mieux à Bacchus:
Ce gout, ne lui déplaise,
Trait mal à Vénus:
Le plus petit espace
Renferme mille appas;
Le vin tient de la place,
Le plaisir n'en tient pas.

III.

Tout rempli d'allegrésse,
Comme on voit le glaneur
Grapiller ce que laisse
Le fer du Vendangeur;
Armé d'une faucille
Dans Cythére à son tour
Le pauvre hymen grapille
Les restes de L'amour.

IV.

Ennemi du mistére
Bacchus aime un séjour
Que le Soleil éclaire,
Et Vendange le jour.
Vénus aime le sombre
Du plus secret réduit,
Elle se plait à L'ombre
Et Vendange la Nuit.

M.r DORAT.

Couplets sur le même Air.

I.

Vois tu, disoit Lizette
A son jeune Berger,
Auprès d'une Fauvette
Ce Moineau voltiger?
A L'instant, de sa flame
Un autre étoit l'objet;
Des transports de ton ame
Je crains le même effet.

II.

Non, non, dit-il, cruelle
Juge mieux de mes feux,
Quelle chaine plus belle
Pourroit fixer mes vœux!
La constance est le gage
D'un destin plein d'appas;
Le plaisir est volage
Le bonheur ne l'est pas.

III.

Vois cette Tourterelle
Soupirer tendrement;
Ne vois tu pas près d'elle
Voltiger son Amant!
Ce baiser (quel modéle
Pour les cœurs amoureux!)
Va le rendre fidele
En le rendant heureux.

IV.

Au discours de Silvandre
Lizette malgré soi
Sent un penchant plus tendre
Dissiper son effroy:
Du doute qui l'offense
Aisément le desir
Fait pencher la balance
En faveur du plaisir.

M le Ch^r de Menilglaise

Pierrot s'agite et soupire,
Puis il reste planté là.

L'HEUREUX MALADROIT

II

Madeleine ſans môt dire
Doucement le regarda:
Pierot s'agite et ſoupire
Puis il reste planté là;
La belle ſe prit à rire
Bientôt elle ſoupira.

III

Son bouquet tombe par terre
Pierot court le ramasser:
Déja sa main téméraire
Bruloit de le replacer,
Mais la crainte de déplaire
L'Empeche encor d'avancer.

IV

Pourtant il reprend courage
Puis il demande un baiser;
Madeleine à ce langage
Sourit sans le refuser.
Joyeux de cet avantage
Il est prêt à tout oser.

V

Madeleine sent l'atteinte
D'un trait que Lance L'amour.
Un cri qu'excite la crainte
Aux plaisirs donne le jour;
L'ame insensible à saplainte
Pierrot en rit à sontour.

M le Ch.r de Menilglaise

Andante
Plus ne ſuis ce que j'ai é=té et plus ne ſaurois jamais l'être
mon beau Printems et mon é=té ont fait le ſaut par la ſe==nê=tre
A=mour tu as é=té mon maitre je t'ai ſer=vi ſur tous les Dieux
ah! ſi je pouvois deux fois naitre combien je te ſer=virois mieux
CLEMENT MAROT.

Mes Amis, je ne veux pas
Mourir ailleurs que dans ses bras.

LE DÉSESPOIR AMOUREUX.

Andantino
Un Ma = tin brus = que ment par des Tambours éveillée Lise vit
son a = mant marchant avec le Régiment. ah! dit il, d'une voix trou = blée
Pour jamais je te quitte hé las! Adieu Lise, je m'en vas tu seras bien-tôt
con = so = lée adieu Lise je m'en vas mourir au milieu des Combats

II

Toujours par ta rigueur,
Ta froideur s'est dévoilée ;
J'espérois que ton cœur
S'enflameroit par mon ardeur.
Enfin mon ame désolée,
Ne cherche plus que le trépas ;
Adieu Lise, je m'en vas,
Tu feras bientôt consolée ;
Adieu Lise, je m'en vas,
Mourir au milieu des Combats.

III

Par un ton si touchant
La pauvre Lise attendrie
S'écria, cher amant,
Par pitié finis mon tourment :
Ah! si de toi je suis chérie
Jamais tu ne me quitteras ;
Cher Colin, si tu t'en vas,
Que puis-je faire de la vie?
Cher Colin, si tu t'en vas,
Non, non, je n'y survivrai pas.

IV

Adieu le Régiment,
Colin jette bas les armes,
Et Lise en un moment
Est dans les bras de son amant.
Ah! s'écria-t-il, tout en larmes,
Regardés-la, braves Soldats :
Mes amis, je suis ses pas,
Je ne veux plus quitter ses charmes ;
Mes amis, je ne veux pas
Mourir ailleurs que dans ses bras.

* * *

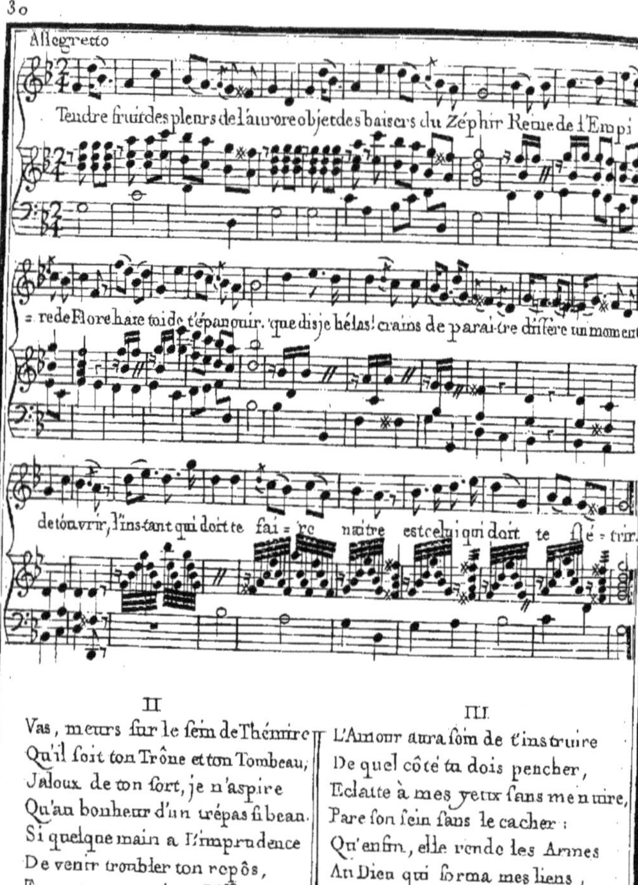

II

Vas, meurs ſur le ſein de Thémire
Qu'il ſoit ton Trône et ton Tombeau;
Jaloux de ton ſort, je n'aspire
Qu'au bonheur d'un trépas ſi beau.
Si quelque main a l'imprudence
De venir troubler ton repôs,
Emporte avec toi ta déffence
Garde une Epine à mes rivaux.

III

L'Amour aura ſoin de t'instruire
De quel côté tu dois pencher,
Eclatte à mes yeux ſans me nuire,
Pare ſon ſein ſans le cacher:
Qu'enfin, elle rende les Armes
Au Dieu qui forma mes liens,
Et qu'en voyant périr tes charmes
Elle apprenne à jouir des ſiens.

M. Bernard.

Aime Iris, dit l'amour, puiſqu'elle a ſçu te plaire
Ma foi l'Amour sur cette affaire
Raiſonne mieux que la raiſon.

LA RAISON DERAISONABLE

Presto.
La rai = son n'est pas raison= nable bien fou bien fou, qui
s'enlaisse char = mer elle me dit que vousêtes ai=mable,
et me def=fend I=ris de vous ai = mer, elle me dit que vous ê=
=tes ai=mable et me def=fend de vous ai=mer, elle me dit que

vous êtes aimable, et me deffend, I=ris de vous aimer, et me déf=
=fend I=ris de vous ai=mer, et me déf=fend I=ris de vous aimer; aime I=
=ris, dit l'amour..... puis qu'elle a sçu te plaire, aime I= ris,
dit l'amour puis qu'elle a sçu te plaire, pro=fi= te des beaux jours

de ta bel= le sai=son, ma foi l'amour sur cette affaire raisonne
mieux que la rai=son, ma foy l'amour sur cette af=faire rai= son=ne
mieux, bien mieux que la rai=son, ma foy l'a=mour raisonne mieux que
la rai= son, ma foy l'a=mour raisonne mieux que la rai= son.
M. DE LA MOTTE.

38.

Colin saute à bas bien vite,
L'Anon court à travers champs.

LE DANGER DE SE DEFFENDRE.

Allegretto
Colin allait à la Ville, pour y vendre son Anon son cœur n'était
pas tranquil=le il sou=pirait pour Toinon. au milieu de la Bruyére en ré=
=vant il cheminait, il voit de loin sa Ber=gére qui portait un pot au Lait
Alors le cœur plein de trouble il redouble le galop de son Baudet Alors

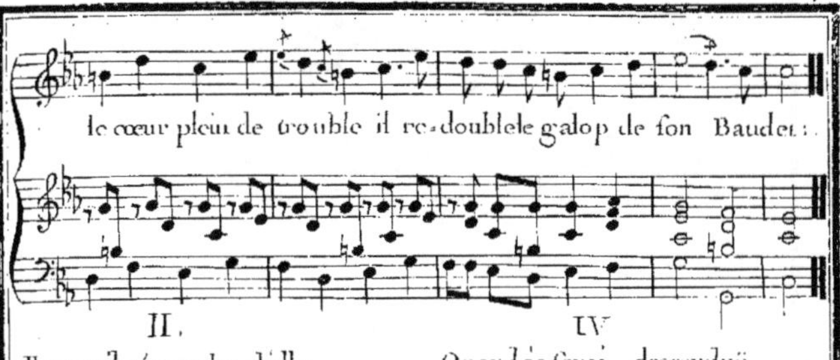

II.

Il court, il s'aproche d'elle,
Et la joint tout hors delui:
Arrettés, dit-il, la Belle,
La Ville est bien loin d'ici.
Mettés vous sur ma monture,
N'ayés pas peur, ma Toinon;
Mais craignant quelqu'avanture
Elle allait lui dire non:
Sans l'écouter, il l'embrasse
Et la place,
Sur le dos de son Anon.

III.

Bientôt il monte derriere,
Et la presse dans ses bras:
Ne remués pas ma chére,
Vous allés tomber à bas.
Elle eut voulu se deffendre,
Mais son Pôt étoit tout plein;
Et la peur de le répendre
Ne lui laissoit qu'une main;
Cette main étoit préssée
Et baisée
par la bouche de Colin.

IV.

Quand je serai descenduë
Je n'y remonterai plus,
S'écriait Toinette émuë;
Ses regrets sont superflux.
Colin redouble d'audace
Et conçoit un noir projet;
Il abuse de la place
Pour déranger le Corcet:
Toinon se met en colere,
Et par terre
Tombe avec le Pôt au Lait.

V.

Colin saute à bas bien vite;
L'Anon court à travers champs:
Nul ne vient à sa poursuite,
On a des soins plus préssans.
L'heureux Colin perd son Ane,
Et Toinon son Pôt au Lait,
Tout haut elle le condamne,
Et lui pardonne en secret:
On dit que de leur commune
Infortune
Aucun d'eux n'eut de regret.

***

Allegretto
Par une tendre Chansonette j'ai charmé le cœur de Lisette elle n'a pu me refuser la
foi Par une ״ ״ ״ ״ ״ ״ ״ ״ ״ ״ ״ ״ ״ ״ ״ elle ״ ״ ״
״ ״ ״ Je crains peu les jaloux de mon bonheur extrême si j'ai quelques Ri-vaux qui
Chantent mieux que moi qui ״ ״ ״ ״ il n'en est pas qui sache aimer qui ״ ״ ״ de même.

Elle répond en rougissant,
Ta santé me rassure.

LES DOUCES BLÉSSURES.

II

Fier de ce coup, il s'aprocha
Du couple qui ſe pâme ;
Mais ce ſpectacle le toucha,
Et par un trait de flâme
Qu'avec roideur il décocha,
Ce Dieu leur rendit l'âme.

III

Colin le premier s'éveillant
Joyeux de l'aventure,
Dit à Nanette, en l'embraſſant,
Comment va ta bléſſure ?
Elle répond, en rougiſſant,
Ta ſanté me raſſure.

* *

II.

Point ne voudrois de belles galleries,
Ni des beautés de l'art athénien,
L'art de Rubens ne me fait nulle envie.
Point ne voudrois primer le Titien,
Il ne me faut qu'un Portrait de ma mie.
Ah! si je l'ai je ne désire rien.

III

De L'art des Vers j'ignore la Magie,
Je connois peu le mont Aonien;
Mais de rimer s'il me prend fantaisie,
Chès les neufs sœurs je n'emprunterai rien:
Il ne me faut que songer à ma mie,
Pour son nom seul, je rime et chante bien.

IV

Point ne voudrois de la Philosophie,
Elle est trop froide et d'un triste entretien;
Point ne voudrois savoir L'Astronomie,
L'etat des Cieux à mon cœur n'aprend rien:
Il ne me faut qu'un regard de ma mie,
C'est là mon Astre, il me guidera bien.

V

L'Amour fait seul le bonheur de ma vie,
L'espoir de plaire en est le vrai soutien;
Qu'un autre amant vante la Pharmacie
Ou rende homage au fameux Gallien;
Il ne me faut qu'un baiser de ma mie,
Mon cœur renait, et je me porte bien.

VI

Souvent j'ai pris un peu de Jalousie,
Quand on est tendre on est Pirronien
Dans les accès de cette frénésie;
Tout me fait peur, discours, geste, maintien;
Mais un regard des beaux yeux de ma mie,
Bientot m'appaise, et je ne crains plus rien.

M. Seguier

Et je vois de jeunes Amans
Comme un Pere voit ses Enfans
Quoi qu'ils le chassent de la Vie.

LE MORT VIVANT.

Andantino
Romance
O toy qui portes dans les cœurs le bonheur et l'oubli des pei = nes
Toi, dont j'ai tant aimé les chaines, que j'aime à peindre tes fa = veurs!
Comment à chanter ta puis = sance, amour, ne pas trouver d'at = traits!
C'est separer de tes bien-faits que t'offrir sa re = connois = san = = = ce.

II

Autrefois au sein des desirs
Et du prestige ou tu nous plonges
J'étois bercé par d'heureux songes
Et reveillé par les plaisirs :
Souvent dans une folle yvresse,
Je croyois plaire à vingt beautés,
J'ai mieux senti les voluptés
Avec une seule maitresse.

III

Vainement dans son vol léger
Le tems veut m'éloigner des belles ;
Ne pouvant arrêter ses ailes
Tu m'appris à les diriger.
Je peins les plaisirs du bel age
Je peins de tendres sentimens,
Et dans mon ame je ressens
Les feux dont je trace l'image.

IV

Par toi j'ai vécu sans langueur,
Et je vis encor sans allarmes :
Pour qui sçut connaitre tes charmes
Il est toujours quelque bonheur.
Je ne connus jamais l'envie,
Et je vois de jeunes Amans
Comme un pere voit ses enfans
Quoiqu'ils le chassent de la vie.

M. DE S^T MARC.

II

J'ai tout perdu, faveur, amis, richésse ;
Mais pour jamais je posséde son coeur :
Et je lui dois ce précieux bonheur
Qu'on cherche envain auprès d'une maitrésse.

III

Chès vingt beautés j'ai cru le bien suprême
Je l'ai cherché quarante ans vainement :
Bientôt l'amour n'est plus un sentiment
Quand on ne peut respecter ce qu'on aime.

IV

Jamais heureux, courant de flâme en flâme
Je me livrois à de trompeurs desirs,
Mais au milieu de tous ces faux plaisirs
Je retrouvois le vide de mon ame.

V

Honteux enfin, je quittai tout pour elle,
Et je sentis dans mon coeur abattu
Que sans L'hymen et que sans la vertu
L'amour n'est rien qu'une erreur criminelle

VI

Ce pauvre hymen ! je ne pouvois comprendre
Que dans un coeur il put plaire à son tour ;
Mais je le sens, il régne sur l'amour
Ainsi qu'Amour régne sur un coeur tendre.

VII

Ce feu divin, ce charme de la vié
Change de nom quelques fois en un jour
C'est à l'autel qu'il prend le nom d'amour
Avant L'hymen il s'apelle folie.

L'air est du Barbier de Seville.

* * *

Et pour la tromper, chaque jour
Il cherche un nouveau détour

LES EFFETS DU BONHEUR

Eglé quand un Berger amou=reux veut prouver l'ex=cès de ses
feux, aux genoux de sa belle sans cesse il jure d'être fi=del=le et
de ne respi=rer que pour l'ado=rer. Mais dès qu'il est sur de
plaire il cherit bien moins sa Bergére et pour la tromper chaque

jour il cherche un nouveau dé-tour. Le plai-sir est fils de l'a-
-mour mais c'est un fils Ingrat qui fait mou-rir son Pe-
-re le plai-sir est fils de l'a-mour mais c'est un fils in-
-grat qui fait mou-rir son Pe-re.

Andantino
Je vous l'ai dit cent fois mes yeux vous me perdés vous ne voulés pas
vous contraindre des attraits de Philis vous avés tout à craindre et cependant
vous la regardés, Je dés: Pour former une aimable chaine vous ne pouviés.
pas mieux choisir mais vous avés tout le plaisir, et mon cœur a toute la pei-ne

62.

Ma Femme saisit le Couteau,
Mon Peuple veut que je perisse,
Et j'ai mon Ami pour Bourreau.

LE
MÉCONTENT.

Andantino.

Un ſoir que Mor = phée a = voit pei = ne à verſer

ſur moi ſes pa = vots mon ame é=toit comme à la

gé = ne je n'en=vi = sa = geois que des maux, j'abhorrois,

la beau= té que j'ai = me j'avois en hor = reur mon

II

Tout à coup un puissant Empire
Me déclare son souverain :
Au Trône je me sens conduire ;
Un Sceptre éclatte dans ma main :
Combien de fois ma bienfaisance
Prévint les voeux de mes sujets !
Ils ne connoissoient ma puissance
Qu'à la grandeur de mes bienfaits.

III

Point de ces monstres tiranniques
Nommés, Maitresse, ou Favori :
Je coulois mes jours pacifiques
Entre ma femme et mon ami.
Un Lustre venoit de renaître :
Le Peuple, ce tems expiré,
Devoit ou confirmer son maitre,
Ou le détroner à son gré.

IV

J'étois ennyvré d'espérance,
Je n'avois fait que des heureux :
Mais qu'entens je ! une foule immense
Eclatte en cris tumultueux.
J'apperçois l'aprêst d'un suplice,
Ma femme saisit le couteau :
Mon Peuple veut que je périsse,
Et j'ai mon ami pour Boureau.

V

Je veux crier ; je me reveille ;
Ah ! dis-je, le Ciel quelquefois
A l'homme pendant qu'il sommeille,
Daigne faire entendre sa voix.
La vie est comme une maitresse
Incapable de rien aimer :
L'homme sage qu'elle caresse
En profite sans l'estimer.

M. LE PRIEUR.

Andantino
Climéne tous vos soins ne peuvent m'engager rien ne sauroit me ré=
= soudre à changer à mes yeux prévenus I= ris paraît trop bel= =le Je
sçais que c'est en vain que je suis amoureux je sens qu'en vous aimant je serois plus heureux
ma raison est pour vous mais mon cœur est pour el-le ma

Adieu donc dame françoiſe,
Pour qui j'ai tant ſoupiré.

DAME FRANÇOISE

Allegretto
A dieu donc Dame Françoise pour qui j'ai tant soupi = ré
je m'en vais désespé = ré le Poulailler de Pontoise me doit en = mener de-
= main me doit en = mener demain si ton cœur Dame Françoise si ton cœur
n'est plus humain si ton cœur Dame Françoise si ton cœur n'est plus hu = main.

II.

Auras tu bien le courage
De me voir la bize au nèz ;
Le cul entre deux paniers
Pleins de beurre et de fromage ;
bis. Cependant je pars demain
Si ton cœur ne me soulage,
Si ton cœur n'est plus humain. } bis.

III.

Que t'aije fait ma Bourgeoise
Pour me maltraiter ainsi !
Si tu me bannis d'ici,
Je mourrai belle Françoise ;
bis. Cependant je pars demain
Si ton cœur, Dame Françoise,
Si ton cœur n'est plus humain.

IV.

Loin de toi tout devient peine
Pres de toi tout est plaisir.
Me faudra-t-il donc partir ?
Ne puis-je vaincre ta haine!
bis Et m'en irai-je demain ?
Non, ton cœur, belle Inhumaine,
Deviendra moin Inhumain.

Couplets sur le même Air.

I.

Sur ta bouche, ma Silvie,
Laisse moi prendre un baiser :
Peux tu me le refuser !
Je t'aime, j'en meurs d'envie,
bis. L'amour est un si grand bien !
C'est le charme de la vie,
Sans lui le reste n'est rien.

II.

Se deffendre, c'est folie,
Dans la Saison des beaux jours ;
On doit son coeur aux amours
Lors que l'on est si jolie !
L'amour &c.

III.

D'une douce fantaisie
Suis le penchant séducteur ;
Sur la route du bonheur
Peut on s'égarer, Silvie ?
L'amour &c.

IV.

Deja ton ame attendrie
Est sensible à mes desirs ;
Par la chaine des plaisirs
A toi la mienne est unie ;
bis Que l'amour est un grand bien !
C'est le charme de la vie,
Sans lui le reste n'est rien.

M. Le Chevalier de Mereolaer.

Par les ſoins du Berger ſidele
Themire enfin revoit le Jour.

L'HEUREUX NAUFRAGE

Allegretto
Hélas ! hélas ! insensible Thé=mire tu dé-dai = gnes mes tendres voeux vaine
= ment pour toi je sou=pi = = re: pour toi seule en-vain j'ai des yeux un
autre a sçu ra=vir ton a-me un autre a = vec toi va s'u = nir,
Et moi vic=time de ma flâme, et moi je n'ai plus qu'à mou = rir.

IIeme Couplet
Ainsi s'exprimoit Silva=mire le plus beau Berger du can=ton mais
ce Berger si beau, Thémire le dédaignoit pour Ariston un ma=
=tin il voit du rivage un Vaisseau pous=sé par le Vent c'est ce=
=lui qui sur cette Plage conduit Thé=mire et son a=mant.
IIIeme Couplet
Par les noeuds d'un tendre hymenée Thémire en ces aimables lieux ve=
=noit u=nir sa des-ti=née à l'objet ché=ri de ses feux cher
Aris=ton, lui disoit elle voi=ci le moment plein d'at=traits
où L'amour constant et fi=dèle va m'unir à toi pour ja=mais.
IVeme Couplet
Forte
Mais tout à coup du haut des nuës se déclare un orage af=freux
du Ciel les Voutes sus-pen=duës s'é-croulent en torrent de feux

L'air mugit, la Vague s'é=lance en proye à la fureur des Eaux a=
=près une vaine déf=fense Thé=mire tombe dans les flots
Vème Couplet
Le lâche Aris=ton de sa belle sans frémir voit le triste sort, vaine=
=ment Thé=mi=re l'a=pelle c'est pour lui seul qu'il craint la mort
à ce spec=tacle Silvanire plein du plus amou=reux trans=port s'é=
=lance, nage vers Thé=mire, et bien=tot la raméne au Port.
VIème Couplet.
Par les soins du Berger fi=déle Thémire enfin revoit le jour; Silva=
=ni=re, c'est toi, dit elle toi dont j'ai méprisé l'a=mour!
sois heureux: mon ame atendrie pour ja=mais te donne sa foi; tu
viens de me sauver la vie je ne vi=vrai plus que pour toi.
M. de St Alphonse.

80.

Aimerés vous toujours la bagatelle?

LA BAGATELLE

Allegretto
Au-près d'un vieil Epoux au le-ver de l'auro-re, la jeune I-ris apper-
-çut un moineau careſſer ſa moitié ſur un tapis de flore; et pour recommen-
-cer en-core voler, au ſommet d'un berceau, et pour recommencer encore vo-
-ler au ſommet d'un berceau.. Pour voir le tendre amour de ce couple ſidelle I-

=ris en ſoupirant, en ſou=pirant E=veille ſon Epoux mais au lieu d'écouter les de=
=sirs de la Belle, laiſſez là vos moineaux lui dit-il en courroux, lui dit-il en cour=
=roux, aimerez vous toujours toujours aimerez vous toujours la bagatelle, aimerez
vous toujours toujours, aimerez vous toujours la baga=tel= =le.

II

Lors que je veux être sévére
La peine passe le plaisir :
Pour peu que je sois en colére
Mon amant dit qu'il va mourir,
Je me repens d'être Inhumaine
Je l'appaise par un soupir ;
Et le plaisir passe la peine } bis {

III

Sans lui quand je danse au Village
La peine passe le plaisir .
L'autre jour je fus au Boccage,
Il m'aperçut , je voulus fuir
Il me devança dans la plaine ;
Ses soins sçurent me retenir
Et le plaisir passa la peine . } bis {

M. le Chevalier de Menilglaize

Dans le ſein du Sommeil une douce vapeur
Vous a peinte à mes yeux ſenſible à mon ardeur.

L'HEUREUX SONGE

Andanté
Dans le ſein du ſommeil une douce vapeur vous a peinte à mes yeux ſensible à
mon ardeur et j'ai cru vous voir j'ai cru vous voir moins ſévè=re . re . Ne
Doux
Fort
vous offensés pas Iris de cet aveu de cet aveu de cet aveu de puisque je vous .
aime hélas! je dors ſi peu que je ne vous offense guer=re. depuisque je vous .

aime hé las! je dors ſi peu que je ne vous offense guer-re..
Largo
Parodie ſur un Air d'Anette et Lubin.
Je mé-priſe les vains ſou-pirs que nos Bergers me font entendre. ou peut on trou
-ver un cœur ten-dre? ſi L'a-mour promet des plaiſirs il coute auſſi trop de ſou-
-pirs et je veux toujours et je veux toujours m'en deffen-dre jamais à

M. DE S.T ALPHONSE

Elle m'a dit a l'inſtant même
Lindor, je me mocquois de toi.

LA CAPRICIEUSE

Allegretto Stacatto
Mon destin au-près de Cli-mène va-rie à chaque instant du jour.
Un ca-price inspi-re ſa haine un autre lui rend ſon a-mour.
Elle m'a dit: Lindor, je t'aime, ton cœur a meri-té ma foi, elle m'a
dit à l'instant même, Lindor, je me mocquois de toi, Lindor

II.

Au moment où sa voix m'appelle,
Climéne songe à m'éviter :
Je ne vais chercher auprès d'elle
Que le regret de la quitter.
Elle est triste dans mon absence,
Et méprise alors mes Rivaux ;
Elle les loüe en ma présence,
Et leur parle de mes défauts.

III.

Mes tourmens pour elle ont des charmes,
Elle cherche à les irriter ;
Et je la vois verser des larmes
Lors que je viens les lui conter.
Je lui portois des fleurs qu'elle aime,
Elle les prit avec dédain ;
Elle me donna le soir-même
La Rose qui paroit son sein.

IV.

Un jour Climéne moins cruelle
Avoit pris soin de me calmer,
Et je m'ennivrois auprès d'elle
Du bonheur de plaire et d'aimer.
Dans la plus profonde tristesse,
Je la vis bientôt se plonger :
Je l'offensois par mon yvresse
Mes plaisirs sembloient l'affliger.

V.

Beauté si sage et si terrible,
Souvent aimé, jamais heureux,
Que tu sois cruelle ou sensible
Je n'en suis pas moins amoureux.
Par tes rigueurs ou ton absence
Cesse de déchirer mon coeur :
Je t'aimerois sans inconstance,
Quand tu m'aimerois sans humeur.

M. DE S^{T} LAMBERT.

II

Tu crains d'ecouter ma flame,
Eh! que m'importe l'espoir!
Pour satisfaire mon ame
Il me suffit de te voir.
Tes yeux malgré toi sensibles
Semblent accuser ton cœur;
Tes regards doux et paisibles
Me vengent de ta rigueur.

III

En vain je voudrois éteindre,
Les transports que je ressens:
Devrois-je même les craindre
Quand ils embrasoient mes sens?
Si l'amour qui me dévore
Pouvoit perdre de ses feux
Hélas! je voudrois encore
Les ranimer dans tes yeux.

IV

Dans une chaine nouvelle
Ah! que pourrois je esperer?
Quel bien près d'une autre belle
Vaut celui de t'adorer!
Le sentiment seul fait naître
Ce qu'amour a de plus doux,
Mon Cœur ne peut le connaître
Chere Eglé, qu'à tes genoux.

V

Bientôt Eglé moins sévére
A pitié de son amant,
Il soupire, la Bergére
En secrèt en fait autant.
Loin d'augmenter son martire
Par des discours superflus
Elle se tut..... c'est tout dire;
Tircis ne se plaignit plus.

M. le Chevalier de Menilglaise

En ſoupirant il prononçoit
Le doux nom de ma mie.

LE SOMMEIL DE L'AMOUR

Amoroso
Amour m'a dit et le ſçait bien tout mortel
doit ſ'at= ten=dre à ne plus ché=rir d'autre bien
que d'aimer d'amour ten = dre et quel Oracleeſt moins trom=
=peur! tous les jours de la vie il s'accomplit au fond du

II.

J'aperçus L'Amour qui dormoit,
Et dans sa rêverie
S'animoit et s'embéllisoit,
Dieux ! quel objet d'envie !
Et quel charme heureux agissoit
Sur mon ame attendrie ;
En soupirant il prononçoit
Le doux nom de ma mie.

III.

Depuis, les Bergers d'alentour
Pleins d'un si doux mensonge
S'en vont tous disant à l'amour
Prétés moi votre songe :
Sans doute la félicité
Qui naît d'une erreur telle,
Vaut mieux que la verité
Avec toute autre Belle.

M. DE MONCRIF

Autres Couplets sur le même Air.

I.

Que d'heureux momens j'ai passés
Sous les loix de Thémire !
Que de maux etoient effacés
Par un tendre sourire !
Un doux espoir me consoloit
De la plus vive peine,
Et sans effort, mon cœur voloit
Au devant de sa chaîne.

II.

Quand l'Aurore, du Dieu du jour
Préparoit la Carriere,
Pour la chercher, mon tendre amour
Prévenoit sa lumiere :
Un sentiment délicieux
M'annonçoit sa présence,
Et faisoit gouter à mes yeux,
Le prix de sa constance.

III.

Quand la nuit sous son voile épais
Me déroboit ses Graces,
Mon cœur rempli de ses attraits
Ne perdoit pas leurs traces :
L'effet d'un prestige enchanteur
M'offroit encor ma Belle,
Et par l'image du bonheur
Me rendoit plus fidelle.

IV

Le dépit a brisé mes nœuds
Sans éteindre ma flâme,
Tout cequi fit naître mes feux
Les retrace à mon âme :
Ah! J'abjure les vains serments
De fuir le tendre Empire ;
On n'éprouve de Vrais tourmens
Qu'eloigné de Thémire.

Mlle Chtte de Menilglaize

Le cruel poiſon Ne glace plus mon ame,
De la raiſon Je l'abandonne à toi.

D. Née sc.

L'AMOUR VAINQUEUR DE LA RAISON

Andantino
Ah ! dans ce beau jour charmant a=
= mour. . . . . je me li . . . . . . vre à ta
flame dans le fond de mon cœur. . . . viens régner en vain=
= queur le . . . . cruel poi = son de la raison ne glace

plus mon a = me je l'abandon = ne à toi oui pour jamais ré =
= gne sur moi. Quand je résis = tois, hé = las! j'igno =
= rois...... combien j'étois tendre et tout le tems qu'un trop sévère hon =
= neur me faisoit perdre à me des = fendre je le déro = bois au bon = heur.

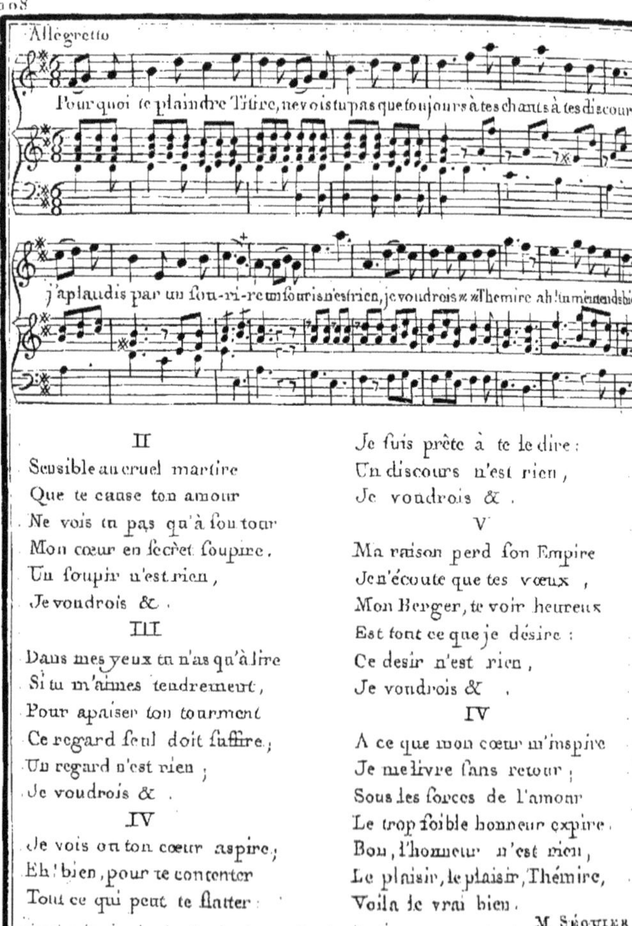
Allegretto
Pourquoi te plaindre Titire, ne vois tu pas que toujours à tes chants à tes discours
j'aplaudis par un sou-ri-re un sourire n'est rien, je voudrois ※ ※ Themire ah! tu m'entends bien
II
Senſible au cruel martire
Que te cauſe ton amour
Ne vois tu pas qu'à ſon tour
Mon cœur en ſecrêt ſoupire.
Un ſoupir n'est rien,
Je voudrois &c.
III
Dans mes yeux tu n'as qu'à lire
Si tu m'aimes tendrement,
Pour apaiser ton tourment
Ce regard ſeul doit ſuffire;
Un regard n'est rien;
Je voudrois &c.
IV
Je vois où ton cœur aspire;
Eh! bien, pour te contenter
Tout ce qui peut te flatter
Je ſuis prête à te le dire:
Un discours n'est rien,
Je voudrois &c.
V
Ma raiſon perd ſon Empire
Je n'écoute que tes vœux,
Mon Berger, te voir heureux
Est tout ce que je désire:
Ce desir n'est rien,
Je voudrois &c.
IV
A ce que mon cœur m'inspire
Je me livre ſans retour;
Sous les ſorces de l'amour
Le trop ſoible honneur expire.
Bon, l'honneur n'est rien,
Le plaisir, le plaisir, Thémire,
Voila le vrai bien.
M Séguier

Nos Prés, nos Bois, ont perdu leur parure
l'Hyver, l'affreux Hyver, déſole ce ſéjour.

LE POUVOIR DE L'AMOUR

Allegretto
On n'entend plus le chant des a=mou=reux Oiseaux ui le mur=
=mure des ruisseaux nos prés nos Bois ont per=du leur pa=ru=
=re ont per=du leur pa=ru=re l'Hi=ver, l'af=freux hiver dé=
=so=le ce séjour nos prés nos Bois ont per=du leur pa=

=cure l'Hiver l'affreux hi=ver dé=so=le ce ſé=jour. On &c
For
P°
=jour ah! ſ'il pouvoit chas=ser chasser l'amour comme les
D
D
F
P
fleurs et la Ver=du=re que j'aime=rois ſa ri=gueur que
j'ai=me=rois ſa ri=gueur mais hé=las! ſon pouvoir peut chan=

=ger la na=tu=re son pouvoir peut changer la nature et ne sçau=
=roit changer mon cœur et ne sçauroit changer mon cœur son pou=
=voir peut changer la Na=ture et ne sçau=roit changer mon
cœur et ne sçau=roit changer mon cœur.

Je la suivis, mais je pleurai
De ne pouvoir plus suivre qu'elle.

LE DERNIER *PARTI* A PRENDRE

Andantino
Doux
Fort
Si vous voulés que j'aime encore rendés moi l'age des amours; au Crépuscule de mes jours rejoi-
=gnés s'il se peut l'au=ro = = re des beaux lieux où le Dieu du vin avec l'amour tient son Empire le
Doux
tems qui me prend par la main m'avertit que je me retire, de son inflexible rigueur tirons au moins
D
quelqu'avantage, qui n'a pas l'esprit de son age, de son age a tout le malheur. Laissons à la bel-

Le Dernier Parti a Prendre

des erreurs de mes premiers ans, et mon âme aux desirs ouverte regrettoit ses égaremens.
For
Doux
Du Ciel a-lors daignant des-cendre l'amitié vint à mon secours, elle était peut-être aussi
tendre, mais moins vi-ve que les a-- mours. Touché de sa beauté nouvelle
et de sa lumiere éclairé; je la suivis; mais je pleurai de ne pouvoir plus suivre qu'el- - le.
M. DE VOLTAIRE.

Un jour la Jeune Bergere
Tomba, voulant se baisser.

LE DANGER
DE
TOMBER

Allegretto
Le long des Eaux sur l'her-bette Colin gardoit son Trou-peau
Le long des Eaux Coli - nette à l'om-bre d'un jeune Or-meau
Près de Co-lin sur l'her-bette venoit tour-ner son fu-seau
Près de Co-lin sur l'her-bette venoit tourner son fu-seau.

II.

Colin aimoit Colinette,
Colinette aimoit Colin.
Un vieux jaloux à Lunette
La suivoit soir et matin.
Malgré ses soins Colinette
Tous les jours voyoit Colin.

III.

Chaque fois que Colinette
Laissoit tomber son fuseau,
Colin à sa Bergerette
Prenoit un Baiser nouveau:
A chaque instant Colinette
Laissoit tomber son fuseau.

IV.

Un jour la jeune Bergere
Tomba, voulant se baisser;
On dit que le téméraire
De ce malheur sçut user:
Mais, lors que l'on est à terre
A quoi peut on s'opposer?

M.D.F.

Allegretto
Je neveux plus ja=mais aimer que ma mu zette, j'abandoune àlafin la volage Li=
=zet-te son cœur ne fut pas fait pour être aimé du mien... je fus tendre et sensible elle est
fiere et Coquette l'amour est dans mon cœur la froideur dans le sien .... helas! pour-
=quoi faut il qu'encor je la regrette pourquoi " " " " " " " " " je la regrette.

Près de moi, tout à coup, une Voix, douce et tendre,
Porte jusqu'à mon cœur
Ces mots pleins de douceur.

LA RESOLUTION INUTILE

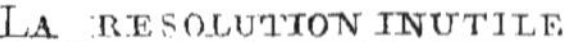

Andantino
En ré-vant l'autre jour à l'om = bre d'un Bo-ca-ge je chan-tois le bon =
= heur de bien garder son cœur un Berger est si tôt vo - la-ge dès qu'on a
couron = né ses feux de son cœur amoureux il porte ailleurs les vœux
il faut tou-jours fuir un tendre esclavage ou renon-cer à l'espoir d'être heu-reux.

II

Près de moi tout à coup une voix douce et tendre
Porta jusqu'à mon cœur
Ces mots pleins de douceur;
„ De l'amour pourquoi te déffendre ?
„ Ah! céde à ce charmant vainqueur.
„ Quelle cruelle erreur
„ Te ravit ton bonheur!
„ C'est au plaisir que l'on goute à se rendre
„ Que l'on connait le bien d'avoir un cœur.

III

Qui peut donc m'écouter en ce lieu solitaire ?....
„ C'est moi, c'est ton amant,
„ Reconnois Clidamant.
„ Autour de toi, belle Bergere,
„ De l'amour tout chante les feux:
„ Voi ces troupeaux joyeux,
„ Ces Oiseaux amoureux;
„ Sur ton destin tout à l'envi t'éclaire,
„ Et ton cœur doit te le dire encor mieux.

IV

Hélas! il disoit vrai: Comment rester sévére?
Malgré moi Clidamant
Me paroissoit charmant.
De son ardeur vive et sincere
Le tendre aveu sçut me toucher:
Peut-on me reprocher,
D'avoir pu m'engager!
Ah! s'il est un Berger qui doive plaire,
C'est Clidamant, et l'on doit m'excuser.

M. DE SAINT ALPHONSE.

Andante
Momens heu-reux ou ma chere Lisette écoutoit mon amour répondoit à mes feux mo=
charmans passés avec la perfide est volage et trahit nos sermens
= mens heureux ah! que je vous regrette momens heureux que
charmans charmans
momens que Nous n'irons plus dessus l'herbette danser au son de ma Muzette je ne lirai
Fin
plus dans ses yeux des transports que l'amour inspi = re Lieux témoins de mes feux vous serés de mon martire

134.

Et Monſieur eſt un amateur,
Nous etudions la Nature.

LE LEVER
DE
L'AURORE

Andantino
Quel ſpec= ta = = cle qu'un beau matin répétoit Lucette à ſa mére! que j'ai=
= me à voir un Ciel ſerein que par degrés l'aurore é= clai = = re! les oi=
= ſaux volent au devant la Célébrant par leur ramage comme un peuple fidéle at-tend
ſon ſouve-rain à ſon pas-sage, ſon ſouve-rain à ſon pas = sa = = = = ge

II.

Aussy dès la pointe du jour
De son lit s'échappoit Lucette,
Raportant toujours au retour
Quelques plis à sa Colerette :
On disoit qu'un Zéphir badin
S'étoit joué dans sa parure ;
Il n'est que lui, qui si matin
Soit éveillé dans la Nature .

III.

Ce Zéphir est bien attrayant,
Se disoit la maman sévère !
La fille un jour part ; à l'instant
Tout doucement la suit sa mere :
Dans un réduit bien ténébreux
La petite court voir l'aurore :
Et ce Zéphir si dangereux
Est un beau garçon qu'elle adore .

IV.

On conçoit bien en pareil cas
Le bruit qu'une maman peut faire !
Eh ! mais d'ou vient tout ce fracas
Dit Lucette d'un ton sincere !
Le Soleil a plus de splendeur
Observé d'une grotte obscure ;
Et Monsieur est un Amateur :
Nous étudions la Nature .

M. LE PRIEUR.

Adagio
Ma che = re Liber = té pourquoi m'es tu ra = vi = e. Quen'aije en te perdant aus =
= si per = du la vi = e. Calme heureux, aimable Paix, tranquillité cherie, vous m'abandon-
= nés pour ja-mais
En connaissant l'amour j'éprouve ses rigueurs: le Cruel me con-
-damne à répandre des pleurs puisqu'il me fait aimer l'inhumaine Silvie,

La voila qui cherche ; pour elle
C'étoit le livre du Destin.

L'HEUREUSE LOTERIE

Andantino
Annette aimoit le beau Co-lin, le beau Co-lin l'aimoit de même mais hélas!
leur amour ex-trême ne leur cau-soit que du chagrin le Pere a-
-voit dit au jeune homme deux mille francs pour toi sont prets
mais sans trouver la même somme je ne te marierai ja-mais,

II.

Ah ! Ciel ! quels funestes tourmens
S'écrioit Annette allarmée !
Quoi ! n'a-t-on le droit d'être aimée
Que quand on a deux mille livres !
Passe un crieur de Loterie ;
Ah ! je veux dit elle éssayer :
Monsieur donnés moi, je vous prie,
Un Billet qui puisse gagner.

III.

Voyés, prenés ma belle Enfant
Je desire qu'il réussisse.
Vraiment, Monsieur, c'est bien justice,
Car tout mon bonheur en dépend.
Dites : quand pourrai-je connaitre
Ce que me garde le Destin ?
Tout au plutôt : demain, peut être, ...
Ah ! oui Monsieur, demain matin.

IV.

Le lendemain la Liste en main
Le Marchand vient trouver la Belle;
La voila qui cherche: pour elle
C'était le livre du Destin;
Son cœur s'agite, s'inquiéte,
Elle voit, et puis n'y voit plus,
Mais enfin la joye est complette,
Annette a gagné mille Ecus.

V.

Toute fiere d'un Lot si beau,
Vite elle va trouver le pere.
Pleine d'amour, vive, et légére
Elle a déja joint le Hameau.
Monsieur voici ma Dot, dit elle,
Mille beaux Ecus, sur ma foi,
J'y joins un cœur tendre et fidéle,
Unissés nous Colin et moi.

VI.

Colin survient en même tems,
Le Pere n'avoit rien à dire:
Aussi ne pût il que souscrire
Au desir des jeunes amans.
La joye entr'eux devint commune,
Ils étaient contens tous les trois:
Une fois enfin la fortune
Ne fut point aveugle en son choix.

M. DE SAINT ALPHONSE.

146.

Puis marmottant quelques paroles
Il trace un Cercle à l'entour d'eux.

Barbier inv. D. Sleé Sc.

LE DEVIN
DE
VILLAGE

Allegretto
Depuis longtems le beau Colin bruloit d'amour pour sa Colette depuis ce tems la
Bergerette bruloit d'amour pour son Cousin. un jour étant sur la Fougére assis auprès de
leurs moutons, le Berger dit à sa Bergére, c'est en vain que nous nous aimons malgré
l'ardeur la plus pure tes vieux parens me refusent ta main, sur notre bonne aven=

II

C'est dans l'enceinte des Forets
Dans un des réduits les plus sombres
Qu'on apperçoit de vieux décombres
Uniques restes d'un Palais.
Sous une voute souterreine
Lugubre image du Tombeau,
On est guidé, quoiqu'avec peine,
Par la lueur d'un noir flambeau.
Prèsqu'entouré de Ténébres
C'est là qu'on voit le plus fameux Devin
Par ses Mistéres funébres
Sur l'avenir, consulter le destin.

III

Les deux Amans tout aussitôt
Remplis d'amour et d'espérance,
Vont le chercher en assurance
Et chèz lui parviennent bientôt.
Ah! Monseigneur, séchés nos larmes
Lui dit Colin avec transport;
Soyés sensible à nos allarmes,
Ayés pitié de notre sort.
Nous nous aimions dès l'enfance,
Entre nous deux nous n'avons plus qu'un coeur;
On veut lasser notre constance.
Pour etouffer une si tendre ardeur.

IV

Ah! Monseigneur! écoutés moi,
S'écria la jeune Bergere;
Jugés combien il fait me plaire,
Par ma tristesse et mon effroy.
Le sort est il assés barbare
Pour nous condamner à souffrir!
Hélas! s'il faut qu'on nous sépare
Nous n'avons donc plus qu'à mourir:
Consultés dans votre Livre
Si nous pouvons nous livrer à l'espoir;
Il vaut mieux cesser de vivre
Si l'on nous force à cesser de nous voir.

V

Le bon Devin d'un air dévot
Leur dit: je vais vous satisfaire;
Ne troublés pas ce grand Mistère,
Surtout, ne dites pas un mot.
Puis marmottant quelques paroles.
Il trace un Cercle à l'entour d'eux.
Et devant cinq ou six Idoles
Brule des Philtres amoureux.
Dans cet apareil Magique
Saisi soudain d'une sainte fureur,
L'oracle, dit il, s'explique,
Il va parler; c'est pour votre bonheur.

VI

„Colette doit être à Colin
„Pour que Colin soit à Colette,
„Dès que la Nôce sera faite,
„Il s'uniront le lendemain.
„De leurs Parens l'humeur jalouse
„Ne pourra plus les refuser;
„Car si d'abort Colin épouse,
„Il le faudra bien épouser.
„Tout le reste est un Mistère,
„Votre bonheur ne dépend que de vous:
„Puisque vous le pouvés faire
„Mes chers Enfans, allés, soyés Epoux.

VII

A peine sortis de ces lieux,
Qu'en s'asseyant sur la fougère
Mon cher Colin, dit la Bergère,
Explique moi l'ordre des Dieux.
Comme tu régnes dans mon ame,
Sur la tienne je régne aussi;
Mais comment serois-je ta Femme
Sans que tu fusses mon Mari?
Ainsi que toi je l'ignore,
En l'embrassant, lui répondit Colin;
Mais je sçais que je t'adore,
Et qu'il faut vite obéir au destin.

VIII

Pressés par des desirs brulans,
Ils se regardoient d'un air tendre;
Et ne sçavoient comment s'y prendre,
Pour que les Dieux fussent contents.
Par la nature, et par sa flame,
Enfin Colin fut éclairci;
Colette se trouva sa Femme
Sans qu'il fut encor son Mari:
Comme ils entroient en ménage,
En les cherchant le Papa les surprit;
Il fit d'abort grand tapage,
Mais par l'Hymen l'Oracle s'accomplit.

* * *

Table des Chansons du IVe Volume.

A

C

D

E

H

J

Nª Les Paroles des Chansons marquées par ***.
Sont de l'Auteur de la Musique.

J'ai lu par ordre de Monseigneur le Chancelier un Manuscrit intitulé Choix de Chansons, et je n'y ai rien trouvé qui m'ait paru devoir en empecher L'impression,
A Paris ce 22 Juin 1772.

DES FONTAINES

www.ingramcontent.com/pod-product-compliance
Ingram Content Group UK Ltd.
Pitfield, Milton Keynes, MK11 3LW, UK
UKHW021152260726
13994UKWH00001B/407

9 782329 474434